BEI GRIN MACHT SICH IHR WISSEN BEZAHLT

Bibliografische Information der Deutschen Nationalbibliothek:

Die Deutsche Bibliothek verzeichnet diese Publikation in der Deutschen National-bibliografie; detaillierte bibliografische Daten sind im Internet über http://dnb.d-nb.de/ abrufbar.

Impressum:

Copyright © 2017 GRIN Verlag
Druck und Bindung: Books on Demand GmbH, Norderstedt Germany
ISBN: 9783668775015

Dieses Buch bei GRIN:

https://www.grin.com/document/437011

Manuel Fink

Aus der Reihe: e-fellows.net stipendiaten-wissen

e-fellows.net (Hrsg.)

Band 2810

Die Ursachen der Finanzkrise 2009

GRIN Verlag

GRIN - Your knowledge has value

Der GRIN Verlag publiziert seit 1998 wissenschaftliche Arbeiten von Studenten, Hochschullehrern und anderen Akademikern als eBook und gedrucktes Buch. Die Verlagswebsite www.grin.com ist die ideale Plattform zur Veröffentlichung von Hausarbeiten, Abschlussarbeiten, wissenschaftlichen Aufsätzen, Dissertationen und Fachbüchern.

Besuchen Sie uns im Internet:

http://www.grin.com/

http://www.facebook.com/grincom

http://www.twitter.com/grin_com

Finanzkrise 2009 – Ursachen

Manuel Fink

Seminararbeit im Rahmen des W-Seminars „Die EU-Schuldenkrise"

Abgabe: 08.11.2017

Inhaltsverzeichnis:

1. Einleitung

„Wenn es auf den Weltfinanzmärkten brennt […], dann muss gelöscht werden. Auch wenn es sich um Brandstiftung handelt. Anschließend müssen die Brandstifter aber daran gehindert werden, so etwas wieder zu tun."[1], sagte der ehemalige Bundesfinanzminister Peer Steinbrück im Oktober 2008. Er sprach damit die entstandene Finanzkrise an, die in Amerika begann, jedoch nach kurzer Zeit den gesamten Weltmarkt hart traf und alle Staaten der Welt vor eine große wirtschaftliche Belastungsprobe stellte. Die meisten Länder der Welt konnten die daraufhin folgende Weltwirtschaftskrise mittlerweile überwinden, doch einige europäische Nationen leiden noch immer unter den Folgen der sog. Subprimekrise, weshalb verschiedene Fragen aufkommen: Wer sind überhaupt diese von Peer Steinbrück kritisierten „Brandstifter"? Welche Rolle spielen die mit dieser Krise immer wieder verbundenen Ratingagenturen? Und welche Ursachen können generell festgemacht werden?[2] In dieser Arbeit sollen unter anderem auf diese Fragen Antworten gefunden werden, indem zunächst der Verlauf der Finanzkrise skizziert wird (Kapitel 2). Daraufhin werden die Ursachen Immobilienboom und Verschuldung der Bevölkerung detailliert erklärt (Kapitel 3), sowie die Fehler des amerikanischen Bankensystems aufgedeckt (Kapitel 4). Zuletzt muss jedoch auch die aktuelle Politik Trumps kritisch diskutiert werden, um abschätzen zu können, ob eine Wiederholung der Finanzkrise von 2007 droht.

2. Verlauf der Finanzkrise

Der Beginn lässt sich auf das Jahr 2007 festlegen, als im August der Interbankenhandel zusammenbrach. Grund waren durch Ratingagenturen veränderte Bewertungen amerikanischer Wertpapiere, was Panik bei den betroffenen Banken ausbrechen ließ. Die Immobilienpreise stagnierten daraufhin, ehe sie enorm einbrachen, da sich in den Jahren zuvor eine riesige Spekulationsblase entwickelte. Außerdem waren zu diesem Zeitpunkt bereits Kredite weiterverkauft worden, deren Schuldner den Forderungen nicht nachkommen konnten. Durch das Bankensystem waren die Wertpapiere auf der ganzen Welt verbreitet.

---

[1] Deutscher Bundestag, Stenographischer Bericht vom 15.10.2008, http://dipbt.bundestag.de/doc/btp/16/ 16182.pdf, S. 19355, 06.08.2017
[2] vgl. Sinn, Kasino Kapitalismus (2009), S. 15

3

Es folgte eine Zeit, in der Bankenzusammenbrüche keine Seltenheit waren. Allein 2008 traf es insgesamt 52 amerikanische Finanzinstitute, die entweder verschwanden oder teilweise bzw. völlig verstaatlicht wurden. Doch auch in anderen Ländern musste der Staat aktiv werden, was u. A. die Übernahme der britischen Notenbank Northern Rock zeigt. Dieser Strategie folgte man auch in den USA bei den ohnehin staatsnahen Banken Fannie Mae und Freddie Mac, die 2007 für knapp die Hälfte aller privaten US-Hypotheken verantwortlich waren. Bis zu diesem Zeitpunkt wurde dementsprechend das Geld der Einleger großer Banken durch Verstaatlichungen gesichert, da sie für systemrelevant gehalten wurden. Folglich ging man davon aus, dass auch die bis dato viertgrößte Investment-bank der Welt Lehman Brothers too big to fail, also zu groß zum Scheitern sei, und deshalb vom Staat übernommen werde. Doch die Regierung verneinte ihre Unterstützung und überließ die Bank ihrem Schicksal. Der Konkurs am 15. September 2008 sorgte für einen beinahe Kollaps des westlichen Bankensystems und gilt als Höhepunkt der gesamten Finanzkrise.

Ein einschlägiges Datum ist zudem der 10. Oktober dieses Jahres, einer der sog. Schwarzen Freitage. Er beschloss eine Woche an der Börse, in der die Aktienkurse weltweit um 18,2 % an Wert verloren.

Die Gründe für die Rezession liegen zusammengefasst zum einen in der an-gesprochenen Immobilienblase, zum anderen in einem fehlerhaften System, das die Ereignisse überhaupt zuließ. Beide Ursachenaspekte sollen im Folgenden näher beleuchtet werden.[3] [4] [5]

3. Ursachenblock I: Immobilienboom und Verschuldung der Bevölkerung

3.1. Niedrigzins

Betrachtet man die Entwicklung des von der Federal Reserve Bank (FED) vorgegebenen Leitzinses, so fällt auf, dass dieser ab Januar 2001 kontinuierlich gesenkt wurde. Zwischen Dezember 2001 und November 2004 überschritt er dabei nie einen Wert von 1,75 % mit einem Tiefpunkt von 1,0 %. Erst im Jahr 2005 ist eine

[3] vgl. Sinn, Kasino Kapitalismus (2009), S. 15f.
[4] vgl. Sinn, Kasino Kapitalismus (2009), S. 62-73
[5] vgl. sam/dpa, Hauptursachen der Finanzmarktkrise, in: Spiegel online, http://www.spiegel.de/wirtschaft/unternehmen/absturz-der-weltboersen-hauptursachen-der-finanzmarktkrise-a-648271.html, 06.08.2017

deutliche Steigerung des Leitzinses zu verzeichnen, ehe er am 18. September 2007 aufgrund der drohenden Wirtschaftskrise wieder gesenkt wurde. Interessant ist nun, warum die FED eine solche Zinspolitik betrieb und wie eine normalerweise damit einhergehende Inflation verhindert wurde. Inwiefern diese Entwicklung zusammen mit der steigenden Einkommensungleichheit ein Auslöser der Finanzkrise sein konnte, ist in Kapitel 3.3 erklärt, da hierfür Wissen aus 3.2 vorausgesetzt wird.[6] Betrachten wir zunächst also die Gründe für die Entwicklung des Leitzinses. Im Zuge der sog. Dotcom-Blase boomten Internetfirmen bis ins Jahr 2000 enorm. Anleger erhofften sich Gewinne durch Investitionen in Firmen der New Economy. Doch durch diese Spekulationen ergaben sich überhöhte Preise, deren Einbrechen eine Rezession u. A. in den USA einläutete. Darüber hinaus verschlechterten die Anschläge vom 11. September 2001 die wirtschaftliche Situation weiter. Um Investitionen zu ermöglichen, Arbeitsplätze zu schaffen und so die Expansion zu fördern, hält eine Zentralbank den Leitzins in diesen Situationen niedrig, vorausgesetzt es besteht keine Inflationsgefahr. Die FED unter der Führung Alan Greenspans musste den Zinssatz jedoch auch in den Folgejahren nicht erhöhen und konnte so die Wirtschaft stimulieren, da trotz des geringen Zinses die Preisniveaustabilität gewährleistet war.[7][8][9]

Eine Abwertung des Dollars drohte dabei aufgrund von Interventionen verschiedener Nationen, die im Gegensatz zu den USA einen Leistungsbilanzüberschuss vorzuweisen hatten, nicht. Ein Leistungsbilanzüberschuss entsteht für einen Staat, wenn die Gewinne, die sich durch den Export ergeben, höher ausfallen als die Importkosten. Länder wie Japan, Indien oder China profitierten durch diesen Exportüberschuss, da sie nun in den amerikanischen Dollar investieren konnten mit dem Ziel, den Wert der eigenen Währung niedrig zu halten. Auf diese Weise schufen sie Anreize für Investitionen in ihr Land. Der US-Dollar wurde also aufgekauft respektive aufgewertet. Chinas Währungsreserven nahmen dabei von 1996 bis 2006

---

[6] vgl. Finanzen.net, Leitzinsentwicklung in den USA – Historische Kurse, http://www.finanzen.net/leitzins/USA@historisch, 12.08.2017

[7] vgl. sam/dpa, Hauptursachen der Finanzmarktkrise, in: Spiegel online, http://www.spiegel.de/wirtschaft/unternehmen/absturz-der-weltboersen-hauptursachen-der-finanzmarktkrise-a-648271.html, 06.08.2017

[8] vgl. Zöbler und Dr. Bölscher, Chronologie, Ursachen und Auswirkungen der Finanzkrise (2009), S. 36

[9] vgl. Pfeifer, 2017 – Das Jahr nach der Zinswende, in: Welt, https://www.welt.de/wirtschaft/bilanz/article161298806/2017-Das-Jahr-nach-der-Zinswende.html

um 910 Mrd. US-Dollar zu. Eine Abwertung des Dollars wurde u. A. auch von Brasilien, Chile oder der Schweiz verursacht.[10] [11] [12]

3.2. Einkommensungleichheit

Es ist längst kein Geheimnis mehr, dass die Verteilung der Einkommen ungerecht ist. Laut einem 2016 veröffentlichten Bericht an den Club of Rome ist einer der Gründe hierfür, dass bisher immer versucht wurde, die Ungleichheit mit Wirtschaftswachstum zu bekämpfen.

Der Hypothese nach sollten durch Wachstum die Arbeitsplätze und Löhne steigen. Deshalb besitzen die Menschen mehr Geld, was wiederum deren Konsumverhalten positiv beeinflusst. Da dann auch die Gewinne der Unternehmen steigen und der Staat mehr Steuern einnimmt, schließt sich der Kreis. Der im Wachstum gewonnene Reichtum soll demnach der gesamten Bevölkerung zugutekommen und von den Unternehmensbesitzern zu den Arbeitnehmern „hindurchsickern" (Trickle-down-Effekt). Aufgrund der hohen Produktivität kann außerdem davon ausgegangen werden, dass in Zukunft immer weniger Arbeit nötig sein wird und die Arbeitsstunden eines jeden reduziert werden können. Anhand folgender Graphik ist jedoch erkennbar, dass die beschriebene Theorie nicht der Wirklichkeit entspricht: [13] [14]

[10] vgl. Zöbler und Dr. Bölscher, Chronologie, Ursachen und Auswirkungen der Finanzkrise (2009), S. 34-37
[11] vgl. Fehr, Der Weg in die Krise, in: F.A.Z., http://www.faz.net/aktuell/wirtschaft/wirtschaftspolitik/analyse-der-weg-in-die-krise-1516156.html, 13.08.2017
[12] vgl. Duden, http://www.duden.de/rechtschreibung/Leistungsbilanzueberschuss, 22.09.2017
[13] vgl. Randers und Maxton, Ein Prozent ist genug (2016), S. 32-34
[14] vgl. Randers und Maxton, Ein Prozent ist genug (2016), S. 59-62

Abb. 1: Die stetig steigende Ungerechtigkeit bei der Einkommensverteilung in den USA[15]

Vom gesellschaftlichen Fortschritt und der Steigerung der Produktivität in den letzten 50 Jahren profitierten demnach ausschließlich die reichsten Amerikaner. Während sie von 1982 bis zur Jahrtausendwende rund 80 000 Euro an Jahreseinkommen zusätzlich verdienten, veränderte sich das Gehalt der ärmsten 20 % nur geringfügig. Und auch die durchschnittlichen Arbeitsstunden erhöhten sich wider Erwarten. Der Grund dafür liegt auf der Hand: Unternehmer sind stets auf Profitmaximierung aus. Diese Effizienz spüren primär die Arbeitnehmer.[16]

Durch diese Entwicklung sahen sich viele Amerikaner gezwungen, ihren Konsum kreditfinanziert weiterzuführen. Mittlerweile wird man das eigene Verhalten bereuen, doch nun ist es zu spät. Man hätte sich vor vielen Jahren bereits für die Alternative entscheiden müssen, die auch die deutschen Haushalte umsetzten. Denn hier reagierte man auf die stagnierenden Reallöhne mit Verzicht, um das fehlende Einkommen zu kompensieren.[17]

---

[15] Randers, und Maxton, Ein Prozent ist genug (2016), S. 60
[16] vgl. Randers und Maxton, Ein Prozent ist genug (2016), S. 63
[17] vgl. Horn, Dröge, Sturn, van Treeck und Zwiener, Von der Finanzkrise zur Weltwirtschaftskrise (III), https://www.econstor.eu/bitstream/10419/106050/1/imk-report_41_2009.pdf, S. 1, 15.08.2017

3.3. Immobilienboom

Es bleibt zu klären, wie die Zinspolitik der FED und die Einkommensungleichheit nun auf die Finanzkrise Einfluss nehmen konnten. Dafür war das Zusammenspiel beider Komponenten nötig, da zwischen Einkommensungleichheit und Zinsen ein Zusammenhang besteht.

Um diese Kohärenz verstehen zu können, muss man sich folgender Wirkungskette bewusst werden: Niedrige Zinsen können zunächst die Expansion fördern.[18] Diese Expansion kann ursächlich für eine ungerechte Verteilung der Einkommen sein, was bei niedrigen Zinsen wiederum für eine steigende Verschuldung der Bevölkerung sorgt.[19] Und so wird neben dem ausschließlich durch Niedrigzinsen verursachten Immobilienboom auch eine erhöhte Bevölkerungsverschuldung impliziert. Die so entstandene Verschuldung vieler Privatpersonen kombiniert mit dem Immobilienboom ließ dann die Finanzkrise auslösen. Denn nun platzte die Spekulationsblase: Die Käufer scheiterten daran, das geliehene Geld an die Banken zurückzuzahlen. So kam es zu einem Überangebot an Immobilien und einer prekären Situation für die Banken, was die Immobilienpreise einbrechen ließ.[20] Die Bevölkerung trägt in diesem Punkt Mitschuld. Der von der FED vorgegebene Niedrigzins wurde von den privaten Haushalten nämlich drastisch ausgenutzt, um z. B. Immobilien finanzieren zu können. Das belegen verschiedene Zahlen: So betrug der Anteil des Nettoeinkommens, den die amerikanische Bevölkerung sparte, also nicht konsumierte, in den 1980er Jahren noch bis zu 11 %. Diese Quote verringerte sich in den Folgejahren jedoch deutlich, was dazu führte, dass sie zwischen 2005 und 2007 bei lediglich knapp über 0 % lag. Da der reichere Teil der Bevölkerung auch in diesen Jahren nicht sein gesamtes Einkommen verbrauchte, lautet die logische Schlussfolgerung, dass die Sparquote der ärmeren Amerikaner im negativen Bereich lag, sie also mehr ausgaben als einnahmen. Finanzieren konnten Sie ihr Defizit durch das Geld anderer, was die Aufteilung der Nettokapitalimporte belegt: 2007 importierten die USA insgesamt 49 % des weltweit angebotenen Kapitals, gefolgt von Spanien mit lediglich 10 %. Dass eine reiche Nation wie die USA normalerweise ihr Kapital in ärmere Länder investiert, nicht umgekehrt, soll zudem erwähnt werden. Und etwaiges Verhalten der amerikanischen Bevölkerung hatte

---

[18] vgl. Kapitel 3.1
[19] vgl. Kapitel 3.2
[20] vgl. Sinn, Kasino Kapitalismus (2009), S. 48f.

8

Folgen: Sie waren diejenigen, die den Immobilienboom verursachten und ihre Schulden später nicht mehr begleichen konnten - der unterste Baustein des gesamten Krisenkonstrukts also und die Pferde, auf die die Zocker der Banken setzten. [21] [22]

4. Ursachenblock II: Fehler im Bankensystem

4.1. Vergabe von Krediten minderer Bonität

4.1.1. Eigenheimförderung

Doch logischerweise darf man nicht nur das Pferd dafür verantwortlich machen, wenn der Spieler sein Geld verliert. Wie skrupellos Banker mit sog. NINJA-Krediten umgingen, soll in diesem Kapitel erläutert werden, was auch gleichzeitig die Fehler im Bankensystem aufdeckt, die dringend behoben werden müssten. Hierfür ist zunächst die Vergabe und später der Weiterverkauf der Subprime-Wertpapiere aus Sicht der Banken Thema. Die Frage, wieso die Bankenaufsicht dies alles zuließ, wird das letzte Unterkapitel beantworten.

Doch was versteht man zunächst überhaupt unter den angesprochenen NINJA-Krediten?

NINJA steht für no income, no jobs or assets, kein Einkommen und keine Jobs oder Vermögenswerte. Es sind also Kredite gemeint, deren Schuldner nichts besitzen, womit sie das geliehene Geld zurückzahlen könnten und sich dies in naher Zukunft auch nicht ändern wird. Mit der Vergabe solcher Darlehen beschäftigt sich dieses Kapitel, ehe 4.2 die Verbriefung und deren Weiterverkauf erläutert.[23] Kredite minderer Bonität wurden in den USA in den Jahren vor der Finanzkrise zuhauf vergeben. Das verstärkte, wie beschrieben, den Immobilienboom und die Verschuldung der Bevölkerung, wurde jedoch auch zum großen Problem für Banken. Denn die Vergabe von Krediten minderer Bonität impliziert natürlich auch ein höheres Ausfallsrisiko (Counterparty Risk) und damit eine größere Verlustgefahr für das Kreditinstitut. Gefördert wurde die Vergabe der Kredite durch den Staat. Doch wie war das möglich und inwiefern trägt die Politik Schuld an der mangelhaften Kreditvergabe, wenn dafür schließlich die Banken zuständig sind?[24]

[21] vgl. Zöbler und Dr. Bölscher, Chronologie, Ursachen und Auswirkungen der Finanzkrise (2009), S. 36f.
[22] vgl. Sinn, Kasino Kapitalismus (2009), S. 33-37
[23] vgl. Sinn, Kasino Kapitalismus (2009), S. 121
[24] vgl. Prof. Dr. Weber, Die Finanzkrise und ihre Ursachen, http://europainstitut.de/fileadmin/schriften/EI_Paper_1_090223_Finanzkrise.pdf, S. 2, 16.08.2017

Der erste Baustein wurde bereits in den 1970er Jahren gelegt. Nichtregierungsorganisationen erreichten durch politischen Druck die Verabschiedung verschiedener Gesetze, welche den Banken ermöglichen sollten, die Auflagen zur Vergabe von Krediten zu mildern. Diese sog. Fair Lending-Gesetze enthielten u. A. den Home Mortgage Disclosure Act von 1975 und den Community Reinvestment Act, der 1977 in Kraft trat. Da durch neue Gesetze nicht auch gleichzeitig neue kreditwürdige Bewerber geschaffen wurden, zeigten diese Gesetze bei den Banken zunächst nur wenig Wirkung. Die nachfolgenden amerikanischen Präsidenten setzten die unter Carter begonnene Politik allerdings fort und so konnte sich die Eigenheimförderung Schritt für Schritt etablieren. Verweigerten Banken die Vergabe solcher Kredite, drohten sogar Klagen aufgrund einer vermeintlichen Diskriminierung von Minderheiten. Gerade die Hypothekenbank Fannie Mae senkte die Bonitätsvoraussetzungen drastisch und lobte andere Kreditinstitute, die es ihnen gleichtaten. Fannie Mae wurde zusammen mit Freddie Mac am 08. September 2008 verstaatlicht.[25] [26] [27] [28]

Im Oktober 2002 hielt George W. Bush eine Rede, in der er die Eigenheimförderung konkretisierte und begründete. Da nur ca. die Hälfte der hispanischen und afroamerikanischen Bevölkerung ein eigenes Haus besaß, wollte er gerade Geringverdienern dies ermöglichen. So setzte er es sich zum Ziel, dass bis 2010 insgesamt 5,5 Mio. Häuser in den Besitz von Familien amerikanischer Minderheiten fallen sollen. Er erwähnte zahlreiche Vorteile, wie die Stabilisierung von Wohngegenden und verstärkte die Dringlichkeit seines Anliegens darin, dass der Besitz des eigenen Hauses ein Teil des American Dreams sei, weshalb er auch den American Dream Payment Fund erschuf, um die Wohnbaufinanzierung zu unterstützen. Darüber hinaus sollte so die Wirtschaft stimuliert werden, womit neue Arbeitsplätze geschaffen werden könnten. Zunächst mag das auch aufgegangen sein, als nachhaltig wird man diese Überlegung nun aber eher nicht bezeichnen: 2007 zeigt, dass von einer Stimulierung der Wirtschaft keine Rede sein kann. Gegen Ende der Rede wurden übrigens noch einmal die Kreditinstitute Fannie Mae und Freddie Mac besonders

---

[25] vgl. Horn, Dröge, Sturn, van Treeck und Zwiener, Von der Finanzkrise zur Weltwirtschaftskrise (III), https://www.econstor.eu/bitstream/10419/106050/1/imk-report_41_2009.pdf, S. 12, 15.08.2017
[26] vgl. Janssen, Wie die Politische Klasse eine Krise erschafft, in: eigentümlich frei, http://ef-magazin.de/2008/11/01/764-der-weg-zur-finanzkrise-teil-4-wie-die-politische-klasse-eine-krise-erschafft, 16.08.2017
[27] vgl. Sinn, Kasino Kapitalismus (2009), S. 332
[28] vgl. Sinn, Kasino Kapitalismus (2009), S. 121

hervorgehoben, da sie sich dazu bereiterklärten, bezüglich des Kapitalmangels aushelfen zu wollen. Ihr Schicksal ist bekannt.[29]

4.1.2. Verschiedene Angebote der Banken

Doch wie sah die Vergabe der NINJA-Kredite eigentlich in der Praxis aus? In den folgenden Zeilen soll anhand zweier konkreter Darlehensvereinbarungen kurz beschrieben werden, wie leichtfertig Banken Geld verliehen, bevor im nächsten Kapitel der Weiterverkauf solcher Wertpapiere thematisiert wird.

Für Kreditnehmer mit geringerem Einkommen waren beispielsweise Adjustable Rate Mortgages (ARM) recht interessant. Für die ersten Monate ist hierbei eine relativ geringe Forderung vorgesehen. Langfristig werden diese aber schnell zu einem Problem, da sich der Zinssatz mit der Zeit erhöht, wodurch die Kreditfinanzierung aufgeschoben, nicht aber aufgehoben wird.

Selbiges gilt auch für Interest-Only-Darlehen. Diese sehen vor, dass die Schulden für bis zu 10 Jahre überhaupt nicht getilgt werden, sondern lediglich die Zinsen bezahlt werden. Dass ein Kreditnehmer, der nicht ausreichend Geld für die Tilgung aufbringen kann, dies später in noch größerem Umfang bewerkstelligt, erscheint durchaus unrealistisch.[30]

Nun müssen die Amerikaner also die Rechnung der vergangenen Jahre bezahlen. Dr. Schacht, ehemaliger Reichsbankpräsident in der Weimarer Republik, hätte wohl die richtige Prognose aufgestellt, da er damals schon feststellte: „Verschuldung ist nichts weiter als vorgezogener Konsum, der in Zukunft ausfällt." [31]

4.2. Verbriefte Wertpapiere und deren Verbreitung

Verschiedene Kredite wurden von den Banken nicht nur abgeschlossen, sondern auch weiterverkauft. So konnte man sich des Ausfallsrisikos entledigen, das bei den vergebenen Krediten, wie später gesehen, durchaus real war. Doch wie sind solche Wertpapiere aufgebaut und wie sah dessen Handel genau aus? Zunächst ist wichtig zu wissen, dass die Refinanzierung für Banken gerade durch die

---

[29] vgl. Bush, President Hosts Conference on Minority Homeownership vom 15. Oktober 2002, https://georgewbush-whitehouse.archives.gov/news/releases/2002/10/20021015-7.html, 16.08.2017
[30] vgl. Weik und Friedrich, Der größte Raubzug der Geschichte (2012), S. 65f.
[31] Weik und Friedrich, Der größte Raubzug der Geschichte (2012), S. 207

Basel-Abkommen, deren Grundstein bereits 1988 gelegt wurde, wichtig wurde. Diese sahen vor, dass vergebenes Geld durch Eigenkapital gedeckt werden muss. Banken mussten also eigenes Geld hinterlegen, um in Krisenzeiten abgesichert zu sein. Die Höhe der zu hinterlegenden Summe war jedoch nicht für jede Bank dieselbe, sondern variierte (Regulierungsarbitrage). Somit wurde ein zusätzlicher Anreiz für Verbriefungen geschaffen, damit die Kredite an Institute verkauft werden können, die weniger Kapital hinterlegen mussten. Vor dem Aufkommen der verbrieften Wertpapiere refinanzierten sich die Banken über die weniger rentable Federal Housing Association (FHA).[32] [33] [34]

Es gibt verschiedene Möglichkeiten, Kredite zu verbriefen und sich durch den Verkauf abzusichern bzw. Kapital zu verschaffen. Beispiele sind Asset-Backed Securities (ABS) oder die gerade im Kontext der Finanzkrise immer wieder angeprangerten Collateralized Debt Obligations (CDO). CDO-Papiere werden von Ratingagenturen bewertet und auf Grundlage dieser Bewertungen in verschiedene sog. Tranchen eingeteilt. Fällt ein Kreditnehmer aus, so wird zunächst die risikoreichste Tranche (Equity-Tranche) belastet. Erst wenn dessen Volumen durch die Verluste überstiegen ist, ergeben sich auch für die mittlere Tranche (Mezzanine-Tranche) Einbußen. Die dritte Tranche, die die sichersten Kredite enthält, verspricht dabei die geringste Rendite und wird Senior-Tranche genannt. Es besteht aber auch die Möglichkeit, ein weiteres CDO- oder ABS-Papier als Sicherheit für eine Tranche einzusetzen. Somit können die Wertpapiere öfter verbrieft werden. Auf diese Weise lässt sich die Komplexität steigern und die Transparenz für den Kreditnehmer senken.[35]

In der Finanzkrise 2007 sorgten v. a. die CDO-Papiere für große Verluste bei den Banken. In den Jahren zuvor wurden solche Papiere immer beliebter, da Anleger im Gegensatz zu den geringen Zinsen bei der Bank eine vergleichsweise hohe Rendite erwarten konnten. So erreichten die CDO-Papiere 2006 innerhalb von 10 Jahren ein weltweites Volumen von ca. 2,4 Bio. US-Dollar. Neben der hohen Rendite waren aber auch die als niedrig geltenden Verlustrisiken der Senior-Tranche ein Grund für die rasante Verbreitung dieser Wertpapiere. Schließlich werden beim Ausfall eines

---

[32] vgl. Kirchner, Wege aus der internationale Finanzmarktkrise, https://www.econstor.eu/bitstream/10419/65595/1/726312010.pdf, S. 459, 16.08.2017
[33] vgl. Sinn, Kasino Kapitalismus (2009), S. 155
[34] vgl. Zöbler und Dr. Bölscher, Chronologie, Ursachen und Auswirkungen der Finanzkrise (2009), S. 47
[35] vgl. Zöbler und Dr. Bölscher, Chronologie, Ursachen und Auswirkungen der Finanzkrise (2009), S. 47-52

Kredites zuerst die anderen Tranchen belastet. Dass alle Kreditnehmer aufgrund persönlicher Umstände ausfallen, war tatsächlich extrem unwahrscheinlich. Doch hier lag das Problem: Die Berechnungen waren auf Grundlage stochastischer Unabhängigkeit getätigt worden. Die Gefahr bestand aber nicht nur darin, dass einzelne Kredite nicht mehr bedient werden können, sondern auch im Zusammen-bruch des gesamten Marktes. Da sich die Immobilienpreise bis dahin fantastisch entwickelten, zweifelten nur Experten an der Methodik der Berechnungen.[36] Banker dagegen verbrieften die CDO-Papiere immer weiter (normalerweise bis zu sechs Stufen der Verbriefung), um noch einige weitere mit Triple-A bewertete Tranchen verkaufen zu können. Dabei halfen auch die Ratingagenturen, natürlich gegen eine Gebühr (Indicative Rating), für die es kein Problem war, ihr eigenes Bewertungssystem auszureizen. Insider waren jedoch auf Schnelligkeit in ihren Aktionen bedacht, da sie das wahre Risiko ahnten. So wurden die verbrieften Wertpapiere in kurzer Zeit u. A. an deutsche Landesbanken weitergegeben, die bis 2008 insgesamt etwa 300 Mrd. Euro investierten.

Auf diese Weise verbreiteten sich die verbrieften Ansprüche im gesamten Bankensystem. Dass die am Ende der Verbriefung stehenden Kredite minderer Bonität, sog. Subprime-Kredite, waren, wurde in dieser Arbeit ja bereits erläutert. Die Kreditnehmer wussten davon offensichtlich nichts. Man vertraute auf die zuständigen Ratingagenturen, die in den Vereinigten Staaten ein besonderes Standing genießen. Ihre Bedeutung ist unglaublich groß, was sich beispielsweise darin zeigt, dass sich jedes Unternehmen, das auf dem Kapitalmarkt aktiv ist, von mindestens zwei Agenturen einer Bewertung unterziehen muss. Und auch die Anzahl an Angestellten ist hoch: Die Ratingagenturen Standard & Poor´s und Moody´s beschäftigten 2007 zusammen ca. 5700 Mitarbeiter.[37]

Wenn man diese Zahlen sieht, verwundert es doch sehr, dass gerade diese erfolgreichen Unternehmen durch Nachlässigkeit Schuld an der Krise tragen sollen. Doch genau das ist der Fall. Schließlich sind viele Kredite nicht bedient worden trotz guter Bewertungen der Agenturen. Das zeigen auch die Ratings verschiedener Banken, die sich, wie bereits erwähnt, ebenfalls einschätzen lassen müssen: Lehman Brothers wurde 2007 von Standard & Poor´s mit A+ bewertet und das bis eine

---

[36] vgl. Sinn, Kasino Kapitalismus (2009), S. 137-140
[37] vgl. Sinn, Kasino Kapitalismus (2009), S. 138-145

Woche vor ihrem Konkurs. Und auch die von Konkurrenten übernommenen Banken Bear Stearns und Merrill Lynch erhielten exzellente Bewertungen.[38] [39]

Im August 2007 veränderten die Ratingagenturen die Bewertungen plötzlich drastisch. Herabstufungen um mehrere Stufen waren keine Seltenheit. Das zeigt umso mehr, wie leichtsinnig die guten Ratings vergeben wurden und sorgte für einen kurzfristigen Zusammenbruch des Interbankenhandels, sowie für einen Rückgang an neu ausgegebenen CDO-Papieren.[40]

Die Frage, warum überhaupt übertrieben gute Bewertungen in Umlauf gebracht wurden, ist mit der auf Gewinn ausgerichteten Einstellung der Agenturen zu beantworten. Ratingagenturen sind keine staatlichen Unternehmen und somit auf Gewinnmaximierung ausgerichtet. Um ihre Glaubwürdigkeit zu wahren, versuchten die Unternehmen sicherlich ihre Bewertungen so objektiv wie möglich zu gestalten. Jedoch ist auch klar, dass jene Agenturen von den Banken selbst bezahlt werden, die wiederum für den Verkauf der Kredite auf eine gute Bewertung angewiesen waren. So war die Angst durchaus berechtigt, Großkunden durch schlechte Ratings zu vertreiben und an die Konkurrenz zu verlieren.[41]

4.3. Ausbleibende Interventionen seitens der Bankenaufsicht

Und trotz aller genannten Ursachen ist die Frage, wie es zur Finanzkrise kam, noch nicht abschließend geklärt. Schließlich gibt es eine Bankenaufsicht, die gerade dafür zuständig ist, Fehlverhalten seitens der Kreditinstitute zu unterbinden. In Deutschland beispielsweise regelt § 6 Abs. 2 des Kreditwesengesetzes die Ziele der Bankenaufsicht und Selbige schreibt auf ihrer Internetseite selbst, dass sie „Missstände im Kreditwesen entgegenzuwirken [hat], die erhebliche Nachteile für die Gesamtwirtschaft nach sich ziehen können."[42]

Das hat in den USA offensichtlich nicht funktioniert, obwohl auch hier Banken hätten reguliert werden sollen. Diese war aber nicht weitreichend genug, denn es wurden

---

[38] vgl. Schaefer, A Look Back At Bear Stearns, Five Years After Its Shotgun Marriage To JPMorgan, in: Forbes, https://www.forbes.com/sites/steveschaefer/2013/03/14/a-look-back-at-bear-stearns-five-years-after-its-shotgun-marriage-to-jpmorgan/#7da346527403, 17.08.2017

[39] vgl. Sinn, Kasino Kapitalismus (2009), S. 146f.

[40] vgl. Sinn, Kasino Kapitalismus (2009), S. 141f.

[41] vgl. Sinn, Kasino Kapitalismus (2009), S. 147

[42] vgl. Bundesanstalt für Finanzdienstleistungsaufsicht, Bankenaufsicht, https://www.bafin.de/DE/DieBaFin/AufgabenGeschichte/Bankenaufsicht/bankenaufsicht_node.html, 17.08.2017

viele sinnvolle Regulierungen erst 2010 durch das Dodd-Frank-Gesetz eingeführt. Es verbietet den Eigenhandel der Banken und soll eine Wiederholung der Finanzkrise verhindern. Und doch werden von einigen Ökonomen weitere Maßnahmen gefordert, wie z. B. ein Verbot von Schattenbanken, die die Kosten für Banken minimieren. Denn dabei umgehen sie Vorschriften, ohne deren Einhaltung Banken keine Lizenz erhalten. Sie werden von der Aufsicht nicht erfasst.[43]

Die Komplexität verbriefter Wertpapiere könnte ebenfalls dazu beigetragen haben, dass Banken nicht streng genug kontrolliert wurden. Diese Aussage eines Vertreters der Banque de France bestätigt eine solche Vermutung: „Wir hatten uns eigentlich vorgenommen, ein Finanzprodukt nur dann zu genehmigen, wenn es wenigstens einer von uns wirklich verstand. Diesen Grundsatz konnten wir aber nicht durchhalten, denn wir mussten stets befürchten, dass es dann von den Briten oder den Deutschen genehmigt werden würde. Also haben wir die Augen zugedrückt und die Genehmigung erteilt." [44]

5. Schluss

Wen Peer Steinbrück im Jahr 2008 konkret als Brandstifter ansprach, ist also nicht eindeutig zu klären. Er könnte fast alle gemeint haben, beginnend bei den Verant-wortlichen der US-Notenbank, aber auch die kreditunwürdigen Bürger, Banker und die Politiker treffen Schuld. Bedeutend wichtiger als Schuldzuweisungen sind jedoch Maßnahmen, die eine weitere Wirtschaftskrise verhindern können. Spekulations-blasen und gierige Banker wird es immer geben, doch dürfen sie nicht erneut das Bankensystem zum Einsturz bringen.

An einer neuen Krise schraubt derzeit allerdings der amerikanische Präsident Donald Trump, zu dessen ersten Amtshandlungen die Überprüfung der Bankenregulierung gehörte. Die von einigen Ökonomen als unzureichend bezeichneten Präventionsmaßnahmen werden von ihm kritisch beäugt, schränken sie doch die Banken bei der Vergabe von Krediten ein. Dass genau diese NINJA-Kredite sehr gefährlich sind, hat der Immobilienmarkt bereits gezeigt. Unterstützt wird Trump von seinem Finanzminister Mnuchin, ehemaliger Banker der

---

[43] vgl. Schrooten, Schattenbanken gehören abgeschafft, https://www.econstor.eu/bitstream/10419/68411/1/715590669.pdf, 17.08.2017
[44] Sinn, Kasino Kapitalismus (2009), S. 175

Goldman Sachs Group. Dieser Bank wurde vorgeworfen, im Zuge der Finanzkrise gegen Wertpapiere gewettet zu haben, die sie ihren eigenen Kunden empfohlen hatte.[45]   [46]

Es bleibt zu hoffen, dass die Administration Trump die richtige Entscheidung trifft und nicht mit dem Feuer spielt. Ansonsten bricht der „Brand", wie Steinbrück die Krise nannte, u. U. erneut aus. Das will und darf man sich so schnell nicht erlauben. Die Folgen der Letzten sind noch lange nicht bereinigt, was einige europäische Länder zeigen. Doch auch für viele Privatpersonen hat die Krise bis heute enorme Auswirkungen.

Der Immobilienmarkt in den USA hat sich derweil von der geplatzten Blase erholt. Die geringen Preise und vielen Zwangsversteigerungen sind somit Geschichte. Es wendet sich sogar zum Gegenteil: Immobilien sind bereits so teuer, dass man hier das Platzen einer weiteren Spekulationslase befürchten muss. Vielleicht kann der amerikanische Starmoderator David Letterman dann nachholen, was er 2007 versäumt hatte. Denn meinte dieser zynisch im Oktober 2008: „Wenn ich clever gewesen wäre, hätte ich vor einem Jahr mein ganzes Geld in die Firma gesteckt, die diese ´House for Sale´-Schilder herstellt." [47] [48] [49]

Abb. 2: House for sale - Häuser zu verkaufen[50]

---

[45] vgl. Holtermann, Notenbanker stellen sich gegen Trumps Deregulierungs-Pläne, in: Handelsblatt, http://www.handelsblatt.com/finanzen/banken-versicherungen/entfesselung-der-wall-street-notenbanker-stellen-sich-gegen-trumps-deregulierungs-plaene/19793680.html, 17.08.2017

[46] vgl. mg/rtr, US-Justiz verschont Goldman Sachs, in: manager magazin, http://www.manager-magazin.de/unternehmen/banken/a-849333.html, 17.08.2017

[47] Weik und Friedrich, Der größte Raubzug der Geschichte (2012), S. 62

[48] vgl. Neubäumer, Eurokrise: Keine Staatsschuldenkrise, sondern Folgen der Finanzkrise, https://www.econstor.eu/bitstream/10419/88793/1/731595289.pdf, 17.08.2017

[49] vgl. Rottwilm, Die gefürchteten „Immobilien-Dreher" sind wieder da, in: manager magazin, http://www.manager-magazin.de/finanzen/artikel/us-haeusermarkt-das-immobilien-flipping-kehrt-zurueck-a-1081071.html, 17.08.2017

[50] Rottwilm, Die gefürchteten „Immobilien-Dreher" sind wieder da, in: manager magazin, http://www.manager-magazin.de/finanzen/artikel/us-haeusermarkt-das-immobilien-flipping-kehrt-zurueck-a-1081071.html, 17.08.2017

Literaturverzeichnis:

Einzelwerke:

Randers, J., Maxton, G.: Ein Prozent ist genug – Mit wenig Wachstum soziale Ungleichheit, Arbeitslosigkeit und Klimawandel bekämpfen, München, 2016

Sinn, H.-W.: Kasino Kapitalismus – Wie es zur Finanzkrise kam, und was jetzt zu tun ist, 2. Auflage, Berlin, 2009

Weik, M., Friedrich, M.: Der größte Raubzug der Geschichte – Warum die Fleißigen immer ärmer und die Reichen immer reicher werden, Marburg, 2012

Zobler, M., Dr. Bölscher, J.: Chronologie, Ursachen und Auswirkungen der Finanzkrise – Vom amerikanischen Immobilienboom zum globalen Bankencrash, 1. Auflage, Norderstedt, 2009

Internet:

Bundesanstalt für Finanzdienstleistungsaufsicht, 02.01.2014, online: Bankenaufsicht, https://www.bafin.de/DE/DieBaFin/AufgabenGeschichte/Bankenaufsicht/bankenaufsicht_node.html, 17.08.2017

Bush, G. W., online: President Hosts Conference on Minority Homeownership vom 15.10.2002, https://georgewbush-whitehouse.archives.gov/news/releases/2002/10/20021015-7.html, 16.08.2017

Deutscher Bundestag, online: Stenographischer Bericht vom 15.10.2008, http://dipbt.bundestag.de/doc/btp/16/16182.pdf, 06.08.2017

Duden, online: https://www.duden.de/rechtschreibung/Leistungsbilanzueberschuss, 04.11.2017

Fehr, B., 17.03.2008, online: Analyse: Der Weg in die Krise, in: Frankfurter Allgemeine Zeitung, http://www.faz.net/aktuell/wirtschaft/wirtschaftspolitik/analyse-der-weg-in-die-krise-1516156.html, 13.08.2017

Finanzen.net, online: Leitzinsentwicklung in den USA – Historische Kurse, http://www.finanzen.net/leitzins/USA@historisch, 12.08.2017

Holtermann, F., 13.05.2017, online: Entfesselung der Wall Street: Notenbanker stellen sich gegen Trumps Deregulierungs-Pläne, in: Handelsblatt, http://www.handelsblatt.com/finanzen/banken-versicherungen/entfesselung-der-wall-street-notenbanker-stellen-sich-gegen-trumps-deregulierungs-plaene/19793680.html, 17.08.2017

Horn, G. A., Dröge, K., Sturn, S., van Treeck, T., Zwiener, R., online: Von der Finanzkrise zur Weltwirtschaftskrise (III): Die Rolle der Ungleichheit,

https://www.econstor.eu/bitstream/
10419/106050/1/imk-report_41_2009.pdf, 15.08.2017

Janssen, J., 01.11.2008, online: Der Weg zur Finanzkrise Teil 4: Wie die Politische Klasse eine Krise erschafft, http://ef-magazin.de/2008/11/01/764-der-weg-zur-finanzkrise-teil-4-wie-die-politische-klasse-eine-krise-erschafft, 16.08.2017

Kirchner, C., online: Wege aus der internationalen Finanzmarktkrise, https://www.econstor.
eu/bitstream/10419/65595/1/726312010.pdf, 16.08.2017

mg/rtr, 10.08.2012, online: Rolle in der Finanzkrise: US-Justiz verschont Goldman Sachs, in: manager magazin, http://www.manager-magazin.de/unternehmen/banken/a-849333.html, 17.08.2017

Neubäumer, R., online: Eurokrise: Keine Staatsschuldenkrise, sondern Folge der Finanzkrise, https://www.econstor.eu/bitstream/10419/88793/1/731595289.pdf, 17.08.2017

Pfeifer, H., 03.01.2017, online: 2017 – Das Jahr nach der Zinswende, in: Welt, https://www.
welt.de/wirtschaft/bilanz/article161298806/2017-Das-Jahr-nach-der-Zinswende.html, 04.11.2017

Rottwilm, C., 08.03.2016, online: Sorge um US-Häusermarkt: Die gefürchteten „Immobilien-Dreher" sind wieder da, in: manager magazin, http://www.manager-magazin.de/finanzen/
artikel/us-haeusermarkt-das-immobilien-flipping-kehrt-zurueck-a-1081071.html, 17.08.2017

sam/dpa, 11.09.2009, online: Absturz der Weltbörsen: Hauptursachen der Finanzmarktkrise, in: Spiegel online, http://www.spiegel.de/wirtschaft/unternehmen/absturz-der-weltboersen-hauptursachen-der-finanzmarktkrise-a-648271.html, 06.08.2017

Schaefer, S., 14.03.2013, online: A Look Back At Bear Stearns - Five Years After Its Shotgun Marriage To JPMorgan, in: Handelsblatt, https://www.forbes.com/sites/steveschaefer/2013/
03/14/a-look-back-at-bear-stearns-five-years-after-its-shotgun-marriage-to-jpmorgan/#1bbc48b07403, 17.08.2017

Schrooten, M., online: Schattenbanken gehören abgeschafft, https://www.econstor.eu/
bitstream/10419/68411/1/715590669.pdf, 17.08.2017

Prof. Dr. Weber, S., online: Die Finanzkrise und ihre Ursachen, http://europainstitut.de/
fileadmin/schriften/EI_Paper_1_090223_Finanzkrise.pdf, 16.08.2017